사이언스 아이 02

해적을 쫓아낸 달

사이언스 아이 02
해적을 쫓아낸 달

글 맥밀란교육연구소 · 줄리 래드포드 | 그림 배정식 | **옮김** 정지현
감수 권홍진 · 박호준 | 과학자 캐리커처 최상규

초판 1판 1쇄 인쇄 2009년 10월 20일
초판 1판 1쇄 발행 2009년 10월 30일

펴낸이 김영곤
개발부문장 이유남 | **책임개발** 강설애, 탁수진 | **기획개발** 배소라, 권은아, 박현주
마케팅 김보미, 배은하 | **영업** 이희영, 김태균, 정원지
디자인 간텍스트, 금동이책 | **구성·편집** 금동이책 | **조판** 태광문화사

펴낸곳 (주)북이십일 을파소
출판등록 2005년 5월 6일 제10-1965호
주소 경기도 파주시 교하읍 문발리 파주출판정보산업단지 518-3(413-756)
연락처 031-955-2723(마케팅) 031-955-2198(기획편집) 031-955-2177(팩스)
이메일 eulpaso@book21.co.kr
홈페이지 http://www.book21.com

그림 ⓒ 배정식, 2009

값 9,500원
ISBN 978-89-509-2026-5 74400
    978-89-509-2061-6(세트)

잘못된 책은 구입하신 서점에서 바꾸어 드립니다.

Bad Moon Rising
ⓒ Macmillan Education Australia / Julie Radford, 2007
This edition of Bad Moon Rising is published by arrangement with Macmillan Education Australia.

Korean Translation Edition Copyright ⓒ 2009 by Book21 Publishing Group, Eulpaso. All rights reserved.
Korean translation edition is published by arrangement with Macmillan Education Australia through PK Agency, Korea.

이 책의 한국어판 저작권은 PK Agency를 통해 Macmilan Education Australia와 독점 계약한 (주)북이십일 을파소에 있습니다. 저작권법에 따라 한국 내에서 보호를 받는 저작물이므로 무단 전재와 복제를 금합니다.

사이언스 아이 02

해적을 쫓아낸 달

글 맥밀란교육연구소 · 줄리 래드포드 **그림** 배정식

을파소

감수자의 말

'과학의 눈'을 떠 보세요
세상이 다르게 보일 거예요

1666년 영국의 작은 시골.
한 청년이 사과나무 앞에서 골똘히 생각에 잠겨 있었습니다.
청년의 발 앞에는 방금 나무에서 떨어진 사과 하나가 놓여 있었습니다.
"사과는 왜 옆이나 위로 날아가지 않고 늘 아래로만 떨어질까?"
청년은 이렇게 물었습니다. 정말 우스운 질문이지요?

그 청년의 이름이 바로 아이작 뉴턴입니다.
뉴턴은 이 질문을 쉬지 않고 탐구해 나간 끝에
근대 과학의 문을 연 '만유인력의 법칙'을 발견하였습니다.

사과가 떨어지는 것을 본 사람은
뉴턴 이전에도 수없이 많았을 것입니다.
그런데 왜 유독 뉴턴만 사과가 떨어지는 것에 의문을 품었을까요?
그것은 단지 뉴턴이 천재여서가 아니랍니다.
다른 사람이 갖지 못한 '과학의 눈'을 뉴턴은 갖고 있었기 때문입니다.

'과학의 눈'으로 사과를 바라보자
이제껏 당연하게 여겼던 사실들이 새로이 보이기 시작합니다.

그리고 질문이 꼬리를 물고 이어집니다.
"사과가 땅에 떨어지는 것은 지구가 사과를 잡아당겨서 그런 것이다.
그렇다면 왜 하늘의 달은 땅으로 떨어지지 않는 것일까?"
이런 식으로 계속 질문을 던지고 연구하는 과정에서
뉴턴은 만유인력의 법칙에 다다르게 된 것입니다.

여러분은 '과학의 눈'으로 주변 세계를 살펴본 경험이 있나요?
"화산은 왜 폭발할까?", "나의 생김새는 어디서 온 것일까?"
"구름은 어떻게 만들어질까?" 하는 식으로 질문하기 시작했다면
여러분은 이미 꼬마 뉴턴이 된 것이나 다름없습니다.

그 질문들에 대한 답을 이 책〈사이언스 아이〉에서 함께 찾아봅시다.
기억하세요. 이 시리즈를 다 읽은 여러분이 받게 될 선물은
시시콜콜한 과학 지식이 아니랍니다.
진짜 소중한 선물은 이 책을 통해 활짝 열리게 될 '과학의 눈'이랍니다.

권홍진 · 박호준

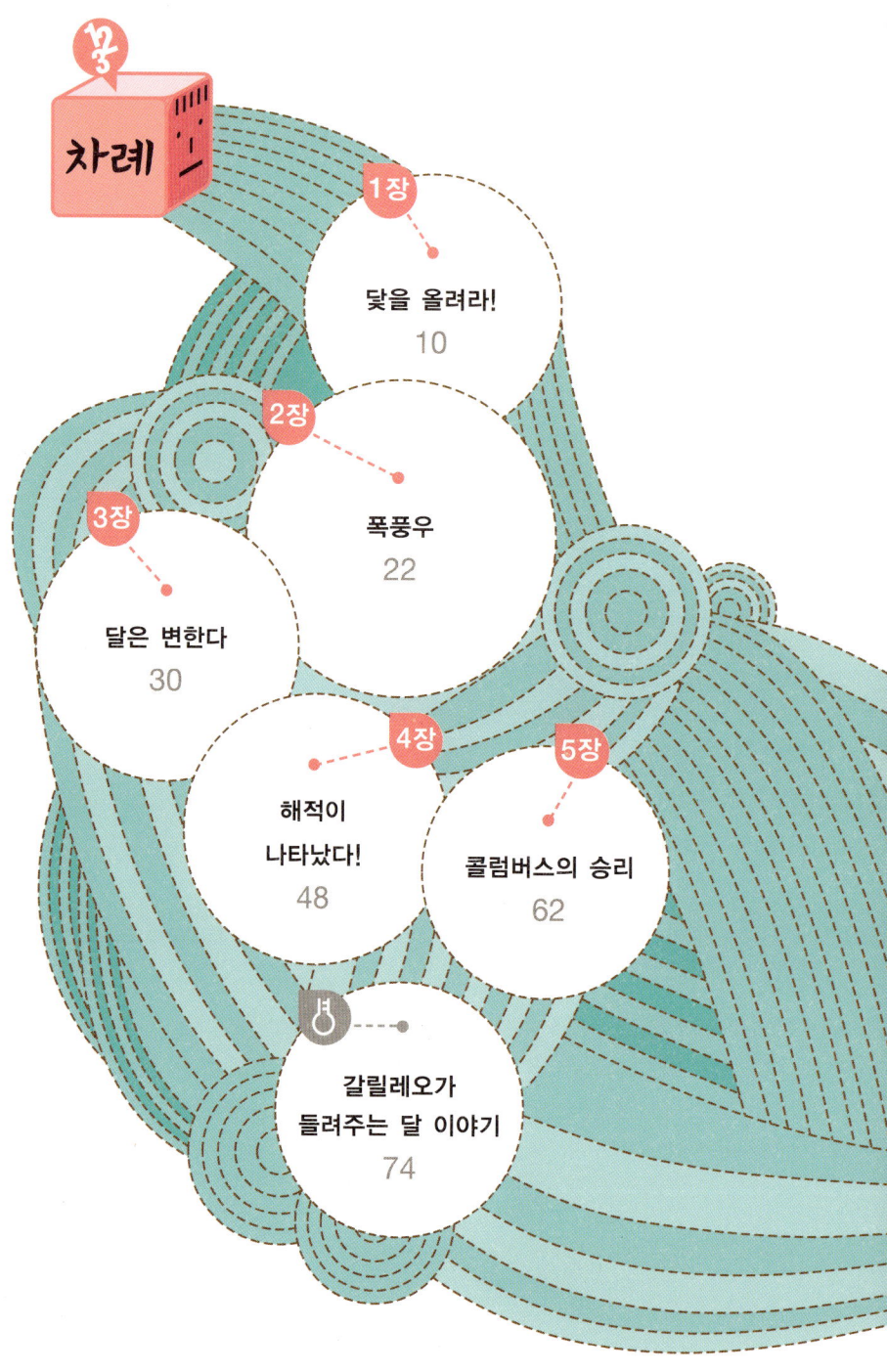

차례

1장 닻을 올려라! 10

2장 폭풍우 22

3장 달은 변한다 30

4장 해적이 나타났다! 48

5장 콜럼버스의 승리 62

갈릴레오가 들려주는 달 이야기 74

콜럼버스는 새로운 땅을 찾기 위해
선원들과 함께 항해를 떠났어.
하지만 어느 환한 달밤에 악명 높은
해적 마르코의 습격을 받게 되었지.
콜럼버스는 선원 산초의 도움을 받아
밤하늘에 뜬 달을 이용해서
위기를 모면하려고 해.
콜럼버스는 무사히
항해를 마칠 수 있을까?

1장 닻을 올려라!

"거기엔 아무것도 없잖아요.
그런데 뭐하러 가는 겁니까?"
"거기에 아무것도 없다는 걸 증명하기 위해서지."

한 남자가 스페인의 팔로스 해변을 지나 자신의 배 산타 마리아호로 걸어가고 있었다. 바람이 그의 긴 소매를 휙 스치고 지나갔다.

"바람을 가로질러 스페인령이 될 새로운 땅을 발견할 것이다!"

그는 이렇게 선언했다. 그의 이름은 크리스토퍼 콜럼버스였다. 콜럼버스는 동경하는 눈빛으로 배를 바라보았다.

'정말 멋진 배야.'

험난한 비바람을 견뎌 온 것처럼 낡아 보이지만, 그는 산타 마리아호가 매우 튼튼한 배라는 사실을 잘 알고 있었다. 유명한 조선공 로드리게스 형제가 만든 산타 마리아호는 **부력**을 크게 하기 위해 어마어마한 양의 물을 뚫고 나아가면서 배가 위쪽으로 약간 뜨도록 만들었다.

콜럼버스는 곧바로 부두의 다리를 건너 배에 올랐다. 그리고 선원 모두를 집합시켜 지시를 내렸다.

부력 : 물에 뜨려는 힘. 어떤 물체의 무게가 부력보다 크면 가라앉고, 부력보다 작으면 물에 뜬다.

"여러분, 짐만 될 뿐이니 보급품을 너무 많이 싣지 마십시오. 카나리아 제도에서 신선한 보급품들을 실을 수 있습니다."

선원들이 물러간 후 그는 배 안을 꼼꼼히 점검했다. 모든 게 계획에 따라 진행되고 있어 만족스러웠다. 그는 먼바다를 바라보았다. 이번 항해에서 어떤 모험과 위기가 펼쳐질까 머릿속으로 그려 보았다. 바람이 거세게 불고 있었다. 이것은 좋은 징조였다.

'이 돛은 내가 지금껏 본 돛 중에 가장 훌륭해. 바람과 함께 배를 앞으로 끌고 나가 우리를 이 세상 어디로든 데려다줄 거야.'

콜럼버스는 생각했다.

"모두 준비 완료입니다, 선장님!"

갑판에서 몹시 지쳐 보이고 여윈 남자가 절뚝거리면서 걸어왔다. 바로 부선장 마일듀였다. 영국에서 태어난 마일듀는 아버지의 배를 타고 항해를 하는 도중 스페인의 포로로 붙잡혔다. 비록 포로 출신이지만 뛰어난 선원인 그는 모든 이들에게 신뢰를 받고 있었다.

"정말 훌륭한 돛입니다, 선장님. 무시무시한 해적 페드로를 피해 가려면 누가 뭐래도 돛이 훌륭해야지요. 페드로는 이 지역에서 가장 악명 높은 해적입니다. 들리는 소문으로는 자신의 어머니까지 팔아넘겼다고 하더군요. 페드로라면 그러고도 남지요. 그가 어떻게 해서 해적이 되었는지 궁금하지 않으십니까, 선장님? 왜 그렇게 악랄한 사람이 되었는지 말입니다."

"막연히 추측해 볼 수밖에 없겠지, 마일듀. 아마 교육을 전혀 받지 못한 탓 아닐까?"

"그게 참 이상하단 말입니다, 선장님. 왜냐면 그 페드로라는 녀석은 교육을 받을 만큼 받았다고 하거든요. 읽기와 쓰기는 물론 덧셈도 할 수 있답니다."

"페드로에 대해서는 더 이상 생각하지 말게. 걱정하지 않아도 돼."

콜럼버스는 이렇게 주의를 주고는 자신만만한 표정으로 덧붙였다.

"이 배는 그 어떤 해적선이라도 앞지를 수 있을걸세."

사실 그 자신도 확신하는 것은 아니었다. 하지만 그는 부하들 앞에서만큼은 언제나 확신있게 행동했다.

"모두에게 내일 동이 트자마자 출발한다고 전하게."

다음 날, 서서히 동이 트기 시작했다. 콜럼버스는 우렁차게 외쳤다.

"모두들 활기차 보이는군!"

선원들은 잠을 쫓아내기 위해 얼굴을 흔들어 댔다.

"마일듀, 돛의 상단을 정리한 다음 항로를 남서쪽으로 정하도록 하게. 오늘은 하늘도 맑고 바다도 잠잠하군. 순조로운 항해가 될 거야."

"옳은 말씀입니다, 선장님. 그런데…… 한 가지 여쭤 볼 게 있습니다. 이번 항해의 목적이 무엇입니까?"

"새로운 땅을 찾으러 가는 걸세, 마일듀. 하지만 자네도 알다시피 선원들 중에는 미신을 믿는 사람들도 많아. 그들이 혼란에 빠질 수 있으니 아직은 알리지 말게."

"알겠습니다, 선장님."

마일듀는 약간 미심쩍은 기색이었다.

"항해 도중 지구의 가장자리로 떨어지는 일이 없다면 말이죠. 선장님은 지구가 둥글다고 하시지만 저희들은 솔직히 잘 모르겠습니다."

"장담하건대 항해 도중에 지구의 가장자리에서 떨어지는

콜럼버스가 살았던 시대의
사람들 대부분은
지구의 끝이 절벽으로
되어 있다고 믿었어.

일은 절대 없을걸세. 험한 날씨와 해적은 마음 놓을 수 없는 문제이지만 내가 자네라면 벌써부터 걱정하진 않겠네."

콜럼버스는 이렇게 말하고 휙 돌아서서 뱃머리 쪽으로 성큼성큼 걸어갔다. 콜럼버스가 시야에서 사라지자 마일 듀는 가까이에 있는 선원에게 말을 걸었다. 한쪽 눈 주위에 깊은 상처가 나 있고 피부가 검게 그을린 카를로스라는 선

지구가 둥글다고 확신했던 콜럼버스는 한쪽 방향으로 계속 항해하면 제자리로 돌아올 수 있을 거라 믿었어.

원이었다.

"이봐, 카를로스. 선장님께서 지구의 가장자리 쪽으로 항해할 거라고 하시네."

마일듀의 말을 들은 카를로스의 얼굴이 창백해졌다.

"부선장님, 거기엔 아무것도 없잖아요. 그런데 뭐하러 가는 겁니까?"

"거기에 아무것도 없다는 걸 증명하기 위해서지."

곶을 채 지나기도 전에 지구의 가장자리 쪽으로 항해할 거라는 소문이 배 안에 파다하게 퍼졌다. 갑판 위로 이상하리만치 고요한 침묵이 감돌았다.

'마일듀가 선원들에게 제대로 퍼뜨린 모양이군. 자, 그렇다면 나는 그들에게 확신을 심어 줘야겠군.'

콜럼버스는 생각했다.

"마일듀! 오렌지 하나만 갖다 주게. 큰 걸로! 그리고 즉시 모든 선원들을 집합시키도록!"

곧 마일듀가 커다란 오렌지를 가져왔다.

"여러분, 모두들 이 항해의 목적에 대해 들었을 겁니다.

그런데 약간 걱정하는 사람들도 있는 것 같군요."

콜럼버스는 마일듀를 빗대어 말했다.

"항해 도중 지구의 가장자리로 떨어지는 일은 절대 없을 거라는 사실을 증명하기 위해 난 최선을 다할 겁니다. 자, 그럼 지구가 오렌지라고 한번 생각해 봅시다."

"오렌지는 지구에 비해 너무 작잖아요, 선장님. 오렌지에는 저희들이 전부 들어갈 수 없는데요."

카를로스가 끼어들었다.

"지적해 줘서 고맙네, 카를로스. 하지만 지구가 오렌지와 똑같은 모양이라고 생각해 보라는 거야. 자, 다시 본론으로 돌아와서……. 여러분, 오렌지 위에서 멀리 내다보면 바다와 하늘이 맞닿아 있는 수평선을 볼 수 있습니다. 수평선 위에 산이 있다고 칩시다. 산에 다다를 때까지 계속 나아간다면 아래로 뚝 떨어지게 될까요? 그렇지 않습니다. 산에서는 또다시 새로운 수평선을 볼 수 있습니다. 이번에 보이는 수평선에는 숲이 있을지도 모르죠. 하지만 우리가 바다를 항해하고 있다면 수평선에 도달해도 계속 바다가 보이게 됩니다. 이해되지요? 수평선 끝으로 다가가도 아래로 떨어지지 않아요. 다만 지구가 둥글기 때문에 수평선 너머가 보이지 않을 뿐이죠. 이해되나요, 여러분?"

콜럼버스가 물었다.

선원들 중 몇 명만이 마지못해 고개를 끄덕였다. 나머지는 여전히 의심스러운 표정으로 오렌지를 쳐다보았다.

"산을 잘 타서 떨어지지 않는 건 아닐까요?"

카를로스가 빈정대듯 농담을 했다.

"오늘은 이상! 이 흥미로운 주제에 대한 토론은 내일 계속하도록 하죠. 내일이면 좀 더 큰 믿음이 생길 겁니다."

말을 마친 콜럼버스는 선원들이 조용히 사라지는 동안 수평선을 똑바로 쳐다보았다.

"참, 마일듀. 오늘 밤은 자네가 불침번 당번이네."

"알겠습니다, 선장님."

마일듀가 말했다.

"선원들에 대해서는 걱정하지 마십시오, 선장님. 결국은 선장님의 뜻을 이해하게 될 겁니다."

콜럼버스가 뒤돌아보자 흰 머리에 날카로운 갈색 눈을 가진 조그만 체구의 사내가 보였다.

"아, 산초 자네군."

"선장님, 저는 이 주제가 매우 즐겁습니다. 자연에 대한 대화 말이지요. 자연은 만물 중에서 가장 경이롭지 않습니까? 제가 계산해 보니 달은 일 년에 4센티미터씩 지구에서 멀어지더군요. 혹시 알고 계셨나요? 그리고 달 때문에 바다에 길이 생기기도 한다는 사실은요? 이 말뜻은……."

"정말 흥미롭군. 하지만 지금은 할 일이 있어서 가 봐야 하네. 나중에 다시 이야기하지 않겠나?"

콜럼버스는 이어지는 산초의 말을 자르고 돌아서서 고개를 절레절레 흔들었다.

'정말 특이한 사내라니까.'

지도를 보기 위해 갑판으로 내려가면서 콜럼버스는 생각했다.

'설마 산초가 또 럼주에 손을 댄 건 아니겠지?'

2장 폭풍우

"오늘 아침에도 해가 뜨지 않아 아직까지 방향을
잡지 못한 상태입니다.
한마디로 지금 우리는 길을 잃었습니다."

주위가 점점 어두워지자 콜럼버스는 램프를 밝혀 커다란 나무 탁자 위에 올려놓았다. 그리고 종이 두루마리를 꺼내 램프 가까이에서 조심스럽게 펼쳤다. 그 지도에는 스페인이 분명히 표시되어 있었다. 그리고 스페인의 남서쪽에는 카나리아 제도가 있었다. 하지만 그 밖의 지역은 별로 없었다. 지도에는 몇 개 나라밖에 표시되어 있지 않았고 다른 정보도 충분치 않았다. 아직 발견되지 않은 땅들이 많다는 뜻이었다. 적어도 콜럼버스는 그렇다고 믿었다. 그의 임무는 새로운 땅을 찾는 것이었다. 하지만 거리를 정확히 모르는 상태에서 항해 계획을 세우기란 쉽지 않았다.

"지구는 둥글고 지도는 편평하다는 게 문제야. 편평한 지도에 둥근 지구를 표시할 수 있는 방법이 분명 있을 거야. 어디 보자······."

그때 문을 두드리는 소리가 들렸다. 산초였다.

"선장님, 갑판에서 마일듀 부선장님이 문제가 생겼다고 하십니다. 심한 폭풍이 다가오고 있다고 합니다."

콜럼버스는 한숨을 내쉬며 천천히 갑판으로 올라갔다.

정말로 짙은 구름이 다가와 초저녁의 하늘을 검게 물들이고 있었다. 이미 거센 바람이 불고 있었다.

"이번 폭풍우는 아주 심할 것 같습니다, 선장님."

수평선 가까이 갈퀴 모양의 번개가 번쩍 하고 내리치는 모습을 보며 마일듀가 말했다. 콜럼버스의 생각도 마찬가지였다.

"빨리 지나가기만을 바라자고. 선원들에게 돛을 내려서 꽉 묶으라고 전하게. 강한 서풍 때문에 항로에서 벗어날 수도 있으니까 말이야."

"알겠습니다, 선장님!"

"마일듀, 모두들 갑판 아래로 내려가 쉬라고 하게. 밤중에는 몇 명만 나와 있으라고 하고."

마일듀가 고개를 끄덕였다. 콜럼버스는 밤하늘을 훑어보았다. 굵은 빗줄기가 떨어지기 시작했다. 그는 산초에게 비옷을 가져오라고 했다. 밤새 비에 흠뻑 젖고 싶지 않았기 때문이다. 파도가 점점 더 높아지면 배 안으로 물이 들어올지도 모른다.

　처음에는 거센 빗줄기만 내리쳤다. 하지만 곧이어 하늘이 번쩍, 하더니 무시무시한 천둥이 포효하며 배 전체를 흔들어 놓았다. 배 위에서 폭풍우가 휘몰아쳤다. 시간이 지날수록 바람의 세기와 속도는 점점 심해지고 파도가 마치 언덕만큼이나 높아졌다. 배가 파도에 휩쓸려 이리저리 흔들렸다. 갑판에 있던 선원들은 배의 이쪽 끝에서 저쪽 끝으로 왔다 갔다 하며 돛대가 부러지는 것을 막으려 안간힘을 썼다. 콜럼버스는 파도가 심하면 배가 한쪽으로 기운다는 사실을 잘 알고 있었다. 심할 경우 물에 잠기거나 뒤집힐 수도 있었다.

갑자기 뭔가가 우지끈 부서지는 소리가 들렸다. 콜럼버스가 가장 걱정하던 일이 일어났다. 돛대가 부러진 것이다. 어쩔 도리가 없었다. 폭풍우가 지나간 후에야 배의 운명이 드러날 것이다. 지금은 두려워하기보다 산타 마리아호가 폭풍우를 무사히 통과하기를 바라는 수밖에 없었다.

콜럼버스는 갑판에서 선원들에게 용기를 북돋기 위해 손으로 다독거려 주기도 했다. 녹초가 된 선원들은 쉴 수 있도록 아래로 내려보냈다. 쉬고 있던 선원들이 올라와서 그들과 교대했다.

심한 폭풍우가 지나가고 나서야 콜럼버스는 갑판 아래로 내려가 잠시나마 눈을 붙일 수 있었다. 그가 눈을 떴을 때 여전히 하늘은 어두웠지만 바다는 잠잠해져 있었다.

"좋은 소식과 나쁜 소식이 있습니다, 선장님."

갑판으로 나온 콜럼버스에게 마일듀가 절뚝거리면서 걸어왔다.

"어디 한번 들어보자고."

"돛대는 윗부분만 부서져서 며칠이면 수리할 수 있을 것 같습니다. 약 일주일 동안은 돛대의 4분의 3정도만 사용할 수 있습니다. 그나마 험악한 폭풍우에 피해가 이 정도밖에 되지 않은 게 다행입니다."

"그게 좋은 소식인가 나쁜 소식인가?"

콜럼버스가 물었다.

"좋은 소식입니다, 선장님."

마일듀가 당황해하며 대답했다.

"나쁜 소식은, 지난밤 폭풍우 때문에 별을 보지 못해서 항로를 확인하지 못했다는 겁니다. 오늘 아침에도 해가 뜨지 않아 아직까지 방향을 잡지 못한 상태입니다. 한마디로 지금 우리는 길을 잃었습니다, 선장님."

콜럼버스는 미소를 지었다. 걱정했던 것만큼 나쁜 소식은 아니었다. 그는 주머니에서 작은 나무 상자를 꺼냈다. 조심스럽게 뚜껑을 열자 중심점 둘레로 작은 바늘이 움직이는, 유리 덮개가 달린 물건이 나타났다.

"그게 뭐죠?"

마일듀가 놀라며 물었다. 콜럼버스는 조심스럽게 갑판에 기구를 내려놓았다.

"지난번 항해에서 가져온 최신 기구라네. **나침반**이라고 하지. 저 바늘을 잘 보게. 가만히 놓아두면 북쪽 방향을 가리키지."

나침반 : 자침으로 방위를 알 수 있도록 만든 기구. 특히 배나 항공기의 진로를 측정하는 데 쓰임.

"속임수를 쓴 마술이죠, 선장님?"

마일듀가 의심스러운 표정으로 나침반을 보며 물었다.

"마술이 아니라네. **자기**라는 원리를 이용한 아주 과학적인 도구지."

"자기라고요? 자기 자신을 이용하면 나침반이 움직인다는 말입니까? 그럼 저도 이 나침반이 북쪽을 가리키게 할 수 있는 건가요?"

"'자기 자신' 할 때의 자기가 아니라, '자기장'의 자기를 뜻하는 걸세, 마일듀. 잘 보게. 바늘이 지금 멈춰 있지? 저쪽이 북쪽이라는 뜻이야."

콜럼버스가 바늘이 가리키는 쪽을 가리켰다.

"정말 편리한 도구가 아닌가?"

"흠, 그렇군요. 하지만 저는 별이 보일 때까지 기다려 보겠습니다."

"그래. 별도 믿을 만하지. 이제 돛을 올리고 선원들을 전부 갑판으로 올려 보내게. 남서쪽의 카나리아 제도로 갈 거라네."

자기 : 자석을 밀고 당기는 힘. 자기의 극에 북극(N극)과 남극(S극)이라는 이름을 붙인다. 지구의 북극이 자석의 S극을 띠기 때문에, 나침반의 N극은 북쪽을 향하게 된다.

3장 달은 변한다

조수는 왜 생기는 걸까?
바다 속에 거대한 구멍이 있어서
물을 삼켰다가 다시 뱉어 내는 걸까?

그 후 열흘 동안은 무사히 지나갔다.

이번에 콜럼버스는 레몬을 이용해 선원들에게 지구가 평평하지 않다는 사실을 더 설명했다가 한바탕 소동이 일어날 뻔했다. 열하루째 되는 날 육지가 나타났다. 배 안이 술렁였다. 신선한 음식을 먹고 목욕을 할 수 있다는 사실만으로 평소 무뚝뚝한 선원들마저도 몹시 들떴다.

카나리아 제도는 다양한 과일과 이국적이고 향기로운 향신료, 그리고 여러 가지 색깔의 원단이 가득했다. 며칠 동안 즐거운 시간을 보낸 선원들은 신선한 보급품을 가득 실은 배로 돌아갔다. 알록달록한 옷을 구해서 입은 선원들도 있었다.

특히나 산초는 매우 즐거워 보였다. 그는 동그랗게 생긴 커다란 과일을 매우 소중하게 어루만졌다.

"그게 뭐지, 산초?"

콜럼버스가 호기심에 물었다. 처음 보는 과일이었다.

"시장에서 산 희귀한 과일인데 잭프루트라고 합니다. 맛이 놀라울 정도로 좋습니다. 이건 좀 더 익혀서 먹어야 합니다. 나중에 선장님께서 드셔 주시면 큰 영광이겠습니다."

"고맙네, 산초. 그런데 그것 참 이상하게 생겼군. 그렇지 않나?"

"중요한 건 맛입니다. 무엇보다 맛이 중요하죠."

산초는 이렇게 말하더니 과일을 옆구리에 끼고 천천히 갑판 아래로 내려갔다. 그러다 갑자기 걸음을 멈췄다.

"참, 선장님. 내일 몇 시에 닻을 올리라고 하실 건가요?"

"동이 트자마자 올릴 걸세."

"그건 불가능할 것 같은데요."

"어째서? 신선한 물과 괴혈병을 막기 위해 필요한 라임, 그리고 음식의 맛을 더하기 위한 향신료까지 모두 준비가 되었는데……."

"맞습니다, 선장님. 필요한 보급품은 전부 배에 옮겼지요. 하지만 내일 아침은 **간조**일 겁니다."

"**조수**가 낮을 거라는 말인가, 산초?"

"그렇습니다. 이곳에 도착한 이후로 조수를 유심히 관찰해 보았는데, 내일 오후에 바닷물이 들어온 뒤에나 출발할 수 있을 겁니다."

"그렇군! 오후가 되어야 **만조**일 거야! 마일듀에게 모두 오후에 출발할 준비를 하라고 이르겠네. 한 명이라도 빠지면 안 되니까."

콜럼버스는 바다를 바라보며 생각에 잠겼다.

'조수라…….'

간조 : 해수면의 높이가 하루 중 가장 낮아지는 때
조수 : 밀물과 썰물을 통틀어 이르는 말
만조 : 해수면의 높이가 하루 중 가장 높아지는 때

 조수에 대한 궁금증이 생긴 것은 이번이 처음은 아니었다. 조수는 왜 생기는 걸까? 세찬 바람이 바다 위에서 왔다 갔다 불어서일까? 아니면 바다 속에 거대한 구멍이 있어서 물을 삼켰다가 다시 뱉어 내는 걸까?
 "왜 그러십니까, 선장님?"
 산초가 콜럼버스를 쳐다보며 물었다.
 "아무것도 아니야, 산초. 조수에 대해 생각하고 있었지.

어째서 바닷물은 육지까지 밀려왔다가 도로 밀려가는 걸까? 정말 신기하지 않은가?"

"달 때문입니다, 선장님."

"달이라고? 하하하, 자네도 잘 모르는 모양이군."

"농담이 아닙니다, 선장님."

"농담이 아니라고?"

"네, 선장님."

"하지만 그건 말이 되지 않아. 달은 저렇게 하늘 위에 떠 있는걸."

콜럼버스가 하늘을 올려다보며 달을 가리켰다.

"그렇습니다. 달은 바로 하늘에 떠 있죠. 하지만 바로 아래에 있는 바다에도 영향을 끼칩니다."

"어떻게 그럴 수 있지?"

콜럼버스가 물었다.

"제 생각은 이렇습니다. 달과 지구는 서로를 잡아당기는 인력이라는 힘이 있지요. 그 힘이 무척 세기 때문에 지구의 바닷물 같은 액체는 한쪽으로 쏠립니다. 그래서 달과

 가까운 쪽의 바닷물과 그 반대편의 바닷물은 부풀어 오릅니다. 두 지역의 사이에 있는 바닷물이 밀려와 부풀어 오르는 현상이 일어나는 것이죠. 때문에 그 사이에 있는 지역은 해수면이 낮아져 썰물, 즉 간조가 됩니다."

"그래."

콜럼버스는 이렇게 중얼거렸지만 산초의 설명을 완전히 이해할 수 없었다.

"달이 지구 주위에서 궤도를 그리기 때문에 **조석** 시간은

조석 : 달, 태양 따위의 인력에 의하여 해면이 주기적으로 높아졌다 낮아졌다 하는 현상. 보통 12시간 25분 간격으로 하루에 두 번 일어난다.

왜 달과 먼 쪽도 부풀어 오를까요?

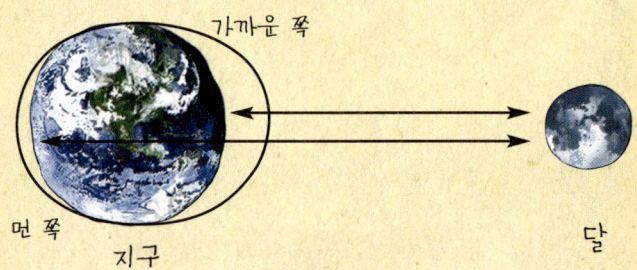

가까운 쪽
먼 쪽 지구 달

달의 인력 때문에 바닷물이 당겨진다면 달과 먼 쪽의 바닷물도 달 쪽으로 쏠리느라 오히려 가라앉아야 하는 게 아닐까요? 그런데 왜 가까운 쪽과 마찬가지로 바깥쪽으로 부풀어 오르는 걸까요?
결론부터 말하면, 바닷물이 들어왔다 나갔다 하는 '조류'는 달의 인력뿐만 아니라 지구의 원심력으로부터도 영향을 받기 때문이에요.

• 원심력이란?
신발주머니를 돌려 본 일이 있나요? 주머니가 바깥쪽으로 쏠리는 듯한 느낌을 받게 될 거예요. 회전하는 물체에는 바깥으로 튀어 나가려는 힘이 작용하는데, 이것을 원심력이라고 해요. 지구도 회전을 하기 때문에 원심력이 작용하지요.

인력과 원심력은 어떻게 작용할까?

만약 원심력만 작용한다면 지구에 있는 것들은 모조리 우주로 튕겨나갈 거예요. 하지만 모든 물체들은 끌어당기는 힘이 있어서 제자리를 지킬 수 있지요. 달이 지구 둘레를 일정하게 도는 것도 이처럼 끌어당기는 힘, 바로 인력 때문입니다.

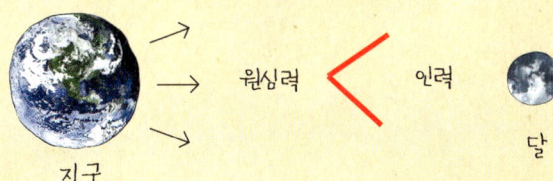

달과 가까운 쪽은 달의 인력이 지구의 원심력보다 크기 때문에 바닷물이 달쪽으로 부풀어 오릅니다.

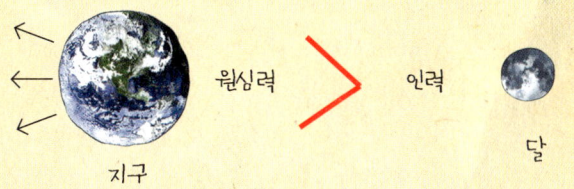

반대로 달과 먼 쪽은 지구의 원심력이 달의 인력보다 크기 때문에 바닷물이 바깥쪽으로 부풀어 오르는 것이지요. 하지만 달의 인력의 영향도 받기 때문에 가까운 쪽보다는 덜 부풀어 오릅니다.

매일 조금씩 달라집니다."

"궤도를 그린다고?"

"주위를 돌며 움직이는 것을 말합니다."

"달이 지구 주위를 돈다는 걸 어떻게 알지, 산초?"

"달의 모양이 바뀌기 때문이죠."

"모양이 바뀐다고?"

"그렇습니다. 선장님도 달의 모양이 바뀐다는 사실을 알고 계실 겁니다. 그렇죠? 어떤 때는 크고 둥글다가도 며칠 지나면 이지러지기 시작하죠."

"이지러져?"

"그렇습니다. 달이 지구를 다 돌고 나면 크기가 작아지는 것 같습니다. 마치 바나나 모양처럼 말이죠. 물론 실제로 달이 이지러지는 것이 아니고, 빛이 반사되는 부분만 볼 수 있기 때문에 우리 눈에 그렇게 보이는 거죠. 달은 점점 작아지다가 완전히 사라져 보이지 않게 됩니다. 이렇게 보이지 않는 달을 새로운 달, 즉 **삭**이라고 합니다."

"새로운 달?

삭 : 달이 태양과 지구 사이에 들어가 일직선을 이루는 때. 지구에서 보았을 때 달의 뒷면만 햇빛을 받으므로 지구에서는 보이지 않는다.

"네. 하지만 진짜 새로운 달은 아닙니다. 지구 주위를 도는 예전과 똑같은 달이죠."

"새로운 달인데 왜 우리 눈에는 보이지 않지?"

"태양과 지구의 사이에 있기 때문입니다. 지구를 향하

지 않은 부분 즉, 달의 뒷면을 태양이 비추기 때문이죠. 달 자체에는 빛이 없어요. 금속과 마찬가지로 태양빛을 반사

〈달의 위치에 따라 **지구에서 보이는** 달의 모습〉

할 뿐이죠."

"잠깐. 달이 태양과 지구 사이에 놓이면 달은 지구를 향하고 있지 않은 뒷면이 빛난다는 거지? 그래서 우리 눈에는 보이지 않으니까 새로운 달이라고 하는 거고."

"지구를 향하고 있는 쪽은 '앞면'이라고 합니다. 우리에게는 달의 한쪽 부분만 보이죠."

"잠깐만, 산초. 달도 지구처럼 자전하는 거 아니었나? 그렇다면 달의 모든 부분을 볼 수 있을 텐데?"

"물론 달도 자전을 합니다. 하지만 재미있게도 달이 한 번 회전하는 데에는 27.3일이 걸립니다. 달이 지구를 한 바퀴 도는 것과 비슷한 시간이죠. 그래서 우리는 달의 한쪽 면밖에 볼 수 없죠. 우리에게 가까운 쪽 말입니다."

"조금 으스스한 얘기군."

"하지만 그게 끝이 아니랍니다, 선장님! 달이 지구를 돌기 시작할 때 지구와 가까운 쪽이 빛나는 모습을 볼 수 있습니다. 이걸 초승달이라고 하죠. 계속 지구를 도는 동안 가까운 쪽이 점점 더 많이 빛나게 됩니다. 달의 더 많은 부분이 보이게 되므로 달이 점점 커지는 것처럼 보이죠. 일주일 후에는 가까운 쪽의 절반이 빛납니다. 이때의 달을 상현달이라고 하죠. 달이 점점 커지게 되므로 차오른다고 말합니다."

"차오른다고?"

"네. 촛불을 한번 생각해 보세요. 불을 켜면 초가 아래로 녹아 내리게 됩니다. 시간이 지날수록 아래에는 더 많은 촛농이 쌓입니다. 이 모습을 떠올리면 쉬워요. 달은 촛농이 쌓이는 것처럼 커지거나 차오르죠."

"그래. 달이 차오르는 모습과 비슷하군. 촛농이 계속 커지니까 말이야."

"달이 지구 둘레 궤도의 중간 정도에 이르면 태양이 달의 가까운 쪽을 전부 비추게 되죠. 그래서 지구에서는 보름달로 보입니다. 2주 후에 생기는 일입니다."

"산초, 보름달 직전과 직후에 가끔씩 달이 이상하게 보일 때도 있네. 한쪽이 기형적으로 부풀어 오른 것처럼 말이야. 오늘도 그렇군."

"맞습니다, 선장님. 한쪽이 불룩한 달이죠. 혹처럼 부풀어 오른다고 생각하면 쉽지요."

"혹 달린 고래도 있지 않나, 산초?"

"아, 혹등고래 말씀이십니까? 머리 위에 혹이 있다고 해서 붙여진 이름이지요. 어쨌거나 다시 달 이야기로 돌아가지요. 보름달이 된 후, 다시 달이 작아지기 시작합니다. 기우는 거지요. 그래서 3주째에는 다시 가까운 쪽의 절반만 빛나게 됩니다. 하현달이 되는 겁니다. 그 뒤에 달이 계속 기울어 그믐달이 됩니다. 그믐달이 초승달의 정반대 쪽과 마주하게 되죠. 그믐달은 왼쪽이 밝고, 초승달은 오른쪽이 밝습니다. 그믐달은 새벽녘에 볼 수 있고, 초승달은 초저녁에 볼 수 있죠. 두 개의 바나나가 정반대 쪽으로 마주 보고 있다고 생각해 보세요. 그믐달은 계속 작아져 마침내 보이지 않게 됩니다. 그러고 나서 달의 주기가 다시 시작되는 거지요. 이걸 **달의 변화**라고 합니다, 선장님."

그러나 콜럼버스는 여전히 이해되지 않는 표정이었다.

"직접 보여 드리죠."

산초는 이렇게 말하며 자신이 들고 있던 커다란 잭프루

달의 변화 : 한 달 동안 같은 시각에 달의 모양을 관찰하면, 달의 모양이 조금씩 바뀌는 것을 볼 수 있다. 보름달에서 하현달, 그믐달, 초승달, 상현달로 모양이 변했다가 다시 보름달이 된다.

트를 바닥에 내려놓았다. 그리고 주머니에서 오렌지와 작은 초록색 라임을 꺼냈다.

"커다란 잭프루트가 태양이라고 생각해 보세요. 오렌지는 지구이고 작은 라임은 달입니다. 아시겠죠?"

산초는 라임으로 오렌지 주위를 돌렸다.

"라임이 잭프루트와 오렌지 사이에 놓이면 새로운 달이 됩니다. 그때부터 달은 오렌지가 잭프루트와 라임 사이에 놓이게 될 때까지 차오르죠. 이게 바로 보름달입니다. 라임이 계속 움직이면서 달이 점점 기울어 결국 사라지게 됩니다. 하지만 진짜로 없어진 건 아니죠."

"그렇군."

콜럼버스는 자신이 선원들에게 오렌지로 지평선에 대해 설명해 준 것을 떠올렸다.

"이건 다른 이야기인데요, 선장님. 조수는 태양의 영향도 받습니다. 태양, 달, 지구가 일렬로 나란히 서 있을 때 달이 삭이거나 보름달이면 태양의 인력이 더해져서 간조와 만조에 특별한 영향을 끼치게 되죠. 그걸 **대조**라고 합니

대조 : 조수의 차가 가장 큰 때, 또는 그때의 조수

다. 조수의 차가 가장 큰 때로 한 달에 두 번, 삭일 때와 보름달일 때 일어나는 현상이죠. 보름달에 가까워질수록 아침에 조수가 낮은 이유가 바로 그 때문입니다. 해수면이 낮아 항해를 할 수 없죠."

콜럼버스는 의심스러운 표정으로 라임을 바라보았다.

"고맙네, 산초. 이젠 분명히 이해할 수 있겠어."

산초가 웃음을 지었다.

"자연은 정말 위대합니다, 선장님."

콜럼버스도 고개를 끄덕였다.

"그래. 정말로 위대하지."

4장 해적이 나타났다!

"저게 뭘까요, 선장님?"
"돛 같군."
"그냥 돛이 아니라 검은 돛입니다.
무슨 뜻인지 아시죠? 해적선입니다."

"항해하기에 좋은 날씨인 것 같네요."

마일듀가 갑판에 있는 콜럼버스에게 다가가며 말했다.

"화창한 날씨와 잔잔한 바다……, 해적도 없으니 완벽하군. 하지만 아직 확신하기에는 일러. 운이 좋다면 나타나지 않겠지."

콜럼버스는 일부러 자신 있는 표정으로 말했다.

"적어도 돛대를 완전히 수리해서 최고 속도로 항해할 수 있게 되기 전까지는 그래야 할 텐데요."

마일듀도 말했다.

이틀 동안은 하늘도 맑고 바다도 잔잔했다. 하지만 셋째 날 오후 늦게 수평선 끝에서 까만 돛이 나타났다.

제일 먼저 발견한 사람은 마일듀였다.

"저게 뭘까요, 선장님?"

"돛 같군."

"그냥 돛이 아니라 검은 돛입니다. 무슨 뜻인지 아시죠? 해적선입니다!"

"쉿! 큰 소리 내지 말게, 마일듀. 모두들 곧 알게 될 텐데

벌써부터 놀라게 할 필요는 없어. 해적들이 우릴 발견하지 못했을 수도 있어. 벌써 날이 어두워지고 있지 않은가."

"알아챘습니다, 선장님. 이쪽으로 오고 있어요!"

"그렇군. 돛대가 부서져서 우린 저들보다 빨리 갈 수 없을 거야. 선원들한테 내가 알아서 한다고 전하게. 모두들 조용히 하고 쓸데없는 행동은 하지 말라고 해. 알아듣겠나?"

"알겠습니다, 선장님."

"마일듀, 저 돛에 빨간색으로 큼직하게 쓰여 있는 M자가 보이나?"

날이 어두워지고 있었기 때문에 마일듀는 눈을 가늘게

뜨고 바라봐야 했다.

"보입니다, 선장님. 저게 무슨 약자일까요?"

"곧 알게 되겠지. 어서 가서 선원들을 준비시키게."

밤이 되자 눈부실 정도로 밝은 달빛이 수면 위를 비추었다. 빨간색 M자가 그려진 검정 돛을 단 공포의 배가 멈추지 않고 그들을 따라왔다. 콜럼버스는 밤하늘의 달을 올려다보았다. 문득, 오늘 밤이 보름이라는 것을 알아차렸다. 그의 머릿속은 다른 생각으로 가득했다. 달빛이 배의 모습을 환히 드러냈다. 역시 해적선이었다. 해적선이 그들을 향해 점점 가까이 다가왔다.

순식간에 어디에선가 갈고리가 달린 밧줄이 날아와 갑판의 나무 부분에 찍혔다. 어느새 해적선이 산타 마리아호와 거의 나란히 될 정도로 바짝 뒤따라온 것이다. 누더기 옷을 입은 무시무시하게 생긴 해적들이 밧줄을 타고 산타 마리아호를 향해 접근했다.

"약탈자 페드로가 아닐까요, 선장님?"

마일듀가 작은 목소리로 물었다.

"저 배가 훔친 거라면 그럴 수도 있겠지."

"무슨 말씀이신가요, 선장님?"

산초가 물었다.

"M은 페드로의 약자가 아니잖나."

"그렇군요, 선장님."

바로 그때 우렁찬 목소리가 들려왔다.

"어디 보자, 친구들. 지금까지 여행 잘 하셨나?"

목소리의 주인공은 한쪽 귀에 커다란 링 귀고리를 달고 한쪽 눈에는 안대를 한 작은 체구의 남자였다. 기다란 검정 머리를 얇은 가죽 끈으로 묶고 있었다.

콜럼버스가 앞으로 나아갔다.

"그렇소. 친절하게도 물어봐 주니 고맙소. 만나서 반갑지만 알다시피…… 우리가 좀 바빠서 말이오."

"바쁘다고?"

작은 체구의 남자가 비웃듯이 물었다.

"어딜 그렇게 급하게 가시나?"

"우리는 새로운 땅을 찾으러 가는 중이오. 피에 굶주린 해적들이…… 아, 그러니까 다른 사람들이 우리를 앞지르기 전에 빨리 가야 하오."

"피에 굶주린 해적들이 싫은 모양이군? 그런가?"

"딱히 싫은 건 아니라오. 다만 우리는 지금 해적과 시간을 보낼 만큼 한가하지 않다는 거요. 물론 다른 때 같았으면 무척 반가웠겠지요. 그런데 성함이……?"

의기양양한 표정을 짓고 있던 해적의 얼굴이 붉으락푸르락해졌다.

"나를 모른다고? 지금 나를 모른다는 거냐? 돛의 M자가 안 보여?"

그는 돛을 가리키며 말을 이었다.

"저게 바로 내 이름의 머리글자다! 살인과 약탈을 좋아하는 해적 마르코!"

"마르코?"

콜럼버스가 고개를 갸웃하더니 예의 바르게 말했다.

"미안합니다, 마르코 씨. 처음 듣는 이름입니다."

모두들 놀란 나머지 숨을 죽였다. 마일듀의 얼굴이 환한 달빛 아래에서도 창백하게 변했다.

마일듀가 말을 더듬으며 "서, 선장님! 페드로의 동생입니다."라고 속삭였다.

"이 배에 날 알고 있는 사람이 있다니 기쁜 일이군. 나는 피에 굶주린 해적들 중에서도 특히 위험한 인물이지. 난 지금 당장 너와 네 부하들을 전부 포로로 잡아갈 수 있다."

마르코가 또다시 의기양양한 표정으로 말했다.

"그럴 테지요."

콜럼버스가 대수롭지 않다는 듯 대꾸했다.

"하지만 너와 저 겁쟁이 부하들은 운이 좋아. 내가 이번엔 친절을 베풀기로 결심했거든."

그 말과 함께 해적 마르코의 얼굴에는 야릇한 표정이 떠올랐다. 콜럼버스는 그것이 미소인지 비웃음인지 알 수 없었다.

"만약 너희들이 내 귀여운 페피타를 살려 준다면 해치지 않겠다."

"귀여운 페피타라고요?"

콜럼버스는 해적의 얼굴을 쳐다보았다. 달빛 속에서 그의 뺨을 따라 굵은 눈물방울이 또르르 흘러내리는 모습이 언뜻 보였다.

해적이 커다란 주머니에서 무언가를 꺼냈다. 콜럼버스는 그가 무기를 꺼내려는 줄 알고 뒤로 물러섰다.

"페피타는 널 해치지 않아."

마르코가 코웃음을 쳤다. 그가 손을 펼치자 매우 수척한 모습의 앵무새 한 마리가 모습을 드러냈다.

"이게 페피타인가요?"

콜럼버스가 물었다.

"그래. 불쌍한 페피타. 뭔가 단단히 잘못됐는지, 소리도 안 내고 먹이도 먹질 않아."

기괴한 어둠이 배를 뒤덮기 시작했다. 콜럼버스는 가까이 다가가 축 처져 있는 앵무새를 조심스럽게 살펴보았다.

앵무새의 부리가 크게 깎여 나간 자국이 보였다.

"뭘 먹인 겁니까?"

콜럼버스가 물었다.

"우리들이 먹는 것처럼 건빵과 말린 소고기를 줬어."

마르코가 대답했다.

"부리는 왜 이런 거죠?"

"건빵을 먹다 문제가 생겼어."

마르코가 앵무새를 부드럽게 쓰다듬으며 대답했다.

"뭐 하는 거지?"

갑자기 해적들이 소리쳤다. 산초가 기다란 관 모양의 물건을 통해 하늘을 바라보고 있었다.

"저 자가 뭘 하는 거냐?"

마르코가 아픈 앵무새를 잠시 뒤로 한 채 사나운 목소리로 물었다.

"잠깐만 실례하겠습니다, 마르코 씨. 제가 잠깐 가서 몇 마디 하고 오겠습니다. 당신과 동료들을 더 화나게 하고 싶지 않군요."

콜럼버스가 차분한 목소리로 말했다. 그리고 산초에게 가서 작게 꾸짖었다.

"뭐 하는 건가? 그 괴상한 물건은 뭐지? 지금은 과학 연구를 하기에 적절치 않은 때라는 걸 모르겠나? 우린 지금 해적들한테 붙잡혔다고!"

"아뇨, 오히려 그 반대입니다. 지금이야말로 과학 연구에 가장 적합한 때입니다. 해적들에게서 벗어나기 위해서요. 몇 분 후에 달이 보이지 않게 되는 월식이 일어날 겁니다. 한번 보십시오."

콜럼버스는 하늘을 올려다보았다. 정말로 달이 거의 어둠에 가려져 있었다.

"이런 세상에나, 산초. 무언가가 달을 먹어 치우고 있지 않은가!"

"걱정 마십시오, 선장님, 저 검은 것은 지구의 그림자일 뿐입니다. 시간이 별로 없으니 지금부터 제 말을 잘 들으세요. 앵무새가 왜 아픈 거죠?"

"잘 먹지를 못해서 그래. 굶어서 힘이 없는 것 같네."

콜럼버스가 대답했다.

"그렇군요. 잘 들으세요. 제가 선원 한 명에게 치료약으로 설탕물을 타 오라고 할 겁니다. 선장님은 마르코에게 가서 선장님이 달빛을 꺼 버릴 수 있는 놀라운 힘을 가졌다고 말하세요. 앞으로 1분 30초 정도의 여유가 있군요. 그리고 마르코의 앵무새를 살릴 수 있다고 말하세요. 저들이 물러가겠다고 하면 달빛을 돌려놓겠다고 하십시오. 그러면 틀림없이 앞으로 우리를 괴롭히지 않겠다고 약속할 겁니다. 앵무새는 설탕물을 먹이면 금세 회복될 겁니다. 앞으로는 건빵과 말린 소고기 말고 과일과 곡식을 먹이라고 하세요."

"고맙네, 산초. 잘 되어야 할 텐데."

5장 콜럼버스의 승리

약속이라도 한 듯 달이 천천히 모습을 드러내기 시작했다.
선원들은 탄성을 질렀다.
"선장님, 어떻게 달을 사라지게 했다가 돌려놓으신 겁니까?
정말 기이한 일입니다."

콜럼버스는 여전히 앵무새를 쓰다듬고 있는 마르코에게로 돌아갔다.

"우리 불쌍한 페피타는 어떻게 되는 거지? 살릴 수 있는 거냐?"

"당신에게 달렸습니다."

콜럼버스가 대답했다.

"나한테 달렸다고?"

"당신들이 물러가겠다고 약속한다면 앵무새를 살려 보도록 하지요."

"페피타를 살려 준다면 생각해 보겠다."

"생각해 본다구요? 그렇다면 빨리 결정하시는 게 좋을 듯싶군요. 저한테는 놀라운 힘이 있거든요. 저 달빛을 꺼서 그것을 증명해 보이겠습니다."

바로 그때, 마지막 달빛이 지구의 그림자에 완전히 가려졌다. 배 안에 있던 사람들이 모두 겁에 질렸다. 어둠 속에서 선원 하나가 콜럼버스에게 설탕물이 든 그릇을 가져다 주었다.

"앵무새를 이리 주면 제가 살려 보도록 하지요. 그 다음엔 즉시 부하들과 함께 우리 배를 떠나도록 하세요. 그러지 않으면 달빛을 돌려놓지 않을 겁니다."

마르코가 얼른 앵무새를 건네주었다. 콜럼버스는 앵무새의 부리에 달콤한 설탕물을 흘려 넣었다. 바로 그 순간, 앵무새의 수척한 몸뚱이가 되살아나는 것처럼 느껴졌다. 앵무새가 희미한 울음소리를 내자 콜럼버스는 재빨리 나머지 설탕물을 먹였다.

"오, 나의 페피타!"

마르코가 큰 소리로 외쳤다.

"됐습니다, 마르코 씨. 이제 앵무새와 부하들을 전부 데리고 돌아가세요. 지금 당장 물러가 다시는 우리를 괴롭히지 마세요. 당신들이 우리 배를 떠나는 즉시 달빛을 되돌려 놓도록 하지요."

콜럼버스가 단호하게 말했다.

"흠, 당신은 만만치 않은 상대로군. 좋소! 내 부하들을 전부 데리고 가도록 하지."

마르코가 마지못해 말했다.

　"참, 마르코 씨. 앵무새가 건강하기를 바란다면 앞으로는 신선한 과일과 곡식을 먹이도록 하세요. 먹이를 제대로 먹지 못해서 아픈 겁니다. 자, 이제 물러가시지요."

　콜럼버스가 부드러우면서도 힘 있는 목소리로 말했다. 마르코와 부하들은 재빨리 해적선으로 돌아가 어둠 속으로 사라졌다.

"선장님, 이제 달빛을 돌려놓으실 수 있습니까?"

마일듀가 조그맣게 물었다. 그러자 약속이라도 한 듯 달이 천천히 모습을 드러내기 시작했다. 선원들은 일제히 탄성을 질렀다.

"정말 대단하십니다, 선장님! 어떻게 하신 겁니까?"

마일듀가 물었다.

"그거야 아주 간단하지. 불쌍한 앵무새는 굶주린 상태였다네. 몰래 설탕물을 먹인 것뿐이야."

"물론 그것도 대단하지만, 달빛 말입니다, 선장님. 어떻게 달을 사라지게 했다가 돌려놓으신 겁니까? 정말 기이한 일입니다."

마일듀가 의심스러운 표정으로 콜럼버스를 바라보았다.

"그 일은 나중에 설명해 주도록 하지, 마일듀. 지금은 모두 식사를 하고 잠을 자야 해. 오늘 밤 불침번 당번을 정하도록 하게."

"알겠습니다, 선장님."

그날 밤은 무사히 지나갔다. 날이 밝아오자 선원들은 각

자 할 일을 했다. 콜럼버스는 하늘을 바라보며 배 안을 순찰했다. 산초가 갑판 한쪽에 혼자 앉아서 열심히 무언가를 적고 있었다.

콜럼버스가 다가가 기침을 했다.

"산초, 어젯밤 고마웠네. 정말 훌륭한 계획이었어. 잘돼서 다행이야. 그런데 어떻게 된 일인지 자세히 설명해 주지 않겠나?"

"어제 있었던 일은 월식이라는 현상입니다, 선장님. 보름달일 때만 일어나는 현상인데, 운이 좋았지요."

"그렇군. 월식이 어떻게 생기는 거지?"

"월식은 지구가 태양과 달 사이에 위치하고 달이 지구의 그림자 안에 들어올 때 생깁니다. 지구의 그림자가 점점 달의 표면을 뒤덮는 것이지요. 아무도 눈치채지 못했지만, 어젯밤 해적들이 쳐들어오기 전부터 이미 월식이 시작되고 있었습니다."

"지구의 그림자라고?"

콜럼버스가 어리둥절한 표정으로 물었다.

월식은 달이 지구의 그림자 안에 들어올 때 일어나지.
지구의 그림자가 달을 덮어 달의 일부나 전부가 보이지 않게 되는 현상이야.

일식은 달이 지구와 태양 사이에 들어갈 때 생겨. 달의 그림자가 지구의 일부분을 덮으면 지구에서는 태양의 일부나 전부가 가려져 안 보이게 돼.

"그렇습니다. 반대로 달의 그림자가 지구에 드리워질 때는 일식이 일어나지요. 태양과 지구 사이에 달이 들어갈 때 생기는 현상입니다. 오렌지를 가져와 설명해 드리겠습니다."

"그거 좋겠군, 산초. 그런데 지금은 항해 일지를 작성해야 되니 나중에 하지 않겠나?"

콜럼버스가 서둘러 가는 것을 보고 산초는 혼자 웃음을 지었다.

그 후 며칠 동안은 잠잠하게 지나갔다. 그런데 또다시 마일듀가 수평선 너머에서 검은색 돛을 발견했다.

"보이십니까, 선장님?"

"검정 돛 말인가?"

"네, 선장님. 또 검정 돛입니다."

"가서 선원들한테 알리게. 내가 알아서 할 테니 안심하라고 전하고."

"알겠습니다."

"아, 잠깐. 돛에 빨간색으로 R이라고 쓰여 있는 건가?"

마일듀가 햇빛에 눈을 찡그리며 돛을 확인했다.

"그런 것 같습니다, 선장님."

"도대체 페드로는 형제가 몇 명이나 되지?"

"형제가 아홉 명에 누이가 하나 있다고 합니다."

"9남 1녀라고?"

"네, 선장님."

"열 명 모두 해적인가?"

"그렇습니다. 돌로레스라고 불리는 누이조차 악명 높은 해적입니다."

"악명 높은 돌로레스라. 아무래도 이번엔 정말 긴 항해가 될 것 같군."

갈릴레오 갈릴레이
(Galileo Galilei)
1564~1642, 이탈리아의 천문학자·물리학자. 태양이 우주의 중심이라는 지동설의 증거를 발견했다.

갈릴레오 가 들려주는 달 이야기

　혹시 지구가 둥글다는 사실을 모르는 사람 있니? 지구가 스스로 회전할 뿐만 아니라 태양 주위를 돈다는 사실은?

　내가 살았던 시대의 사람들은 지구가 세계의 중심에 딱 고정되어 있다고 철석같이 믿고 있었어. 그들은 우주에 관한 새로운 사실을 받아들이려 하지 않았지.

　하지만 난 지금도 잊을 수 없단다. 망원경을 직접 만들어 우주를 관측했을 때를……. 특히, 달 표면은 가장 아름답고 즐거운 광경이었어!

　난 매일같이 하늘의 별들을 관찰했어. 그 결과 지구는 자전과 공전을 하고, 달은 모양이 변하며, 밀물과 썰물이 지구의 자전과 관련 있다는 것을 알아냈지.

　이 이야기에 등장하는 콜럼버스도 지동설을 믿었어. 그리고 그의 영리한 선원 산초는 달에 관해 잘 알고 있었지. 달이 가려지는 현상을 이용해 해적들을 쫓아냈으니까.

　자, 그럼 이 책에서 배운 과학 지식을 정리해 볼까?

월식과 일식, 이것만 기억해!

태양, 지구, 달이 어떤 순서로 나란히 놓였는지를 기억하면 월식과 일식을 헷갈리지 않을 수 있어. 두 개의 그림만 정확하게 머릿속에 새겨 두자고!

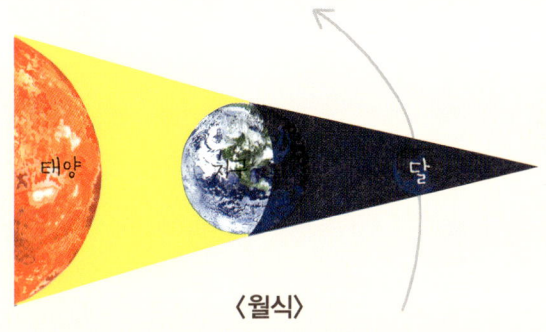

〈월식〉

월식은 지구가 태양과 달 사이에 놓일 때 일어나는 현상이야. 지구의 그림자가 달을 덮지.

〈일식〉

일식은 달이 지구와 태양 사이에 놓일 때 일어나는 현상이야. 달의 그림자가 지구를 덮어.

달의 요모조모

지구 주위를 도는 유일한 위성, 달에 관한 재미난 사실을 한번 알아볼까?

- 달은 지구로부터 384,400km 떨어져 있고, 지름은 3,479km야. 아폴로 11호의 달 착륙으로 달의 비밀이 하나둘 벗겨지기 시작했지.

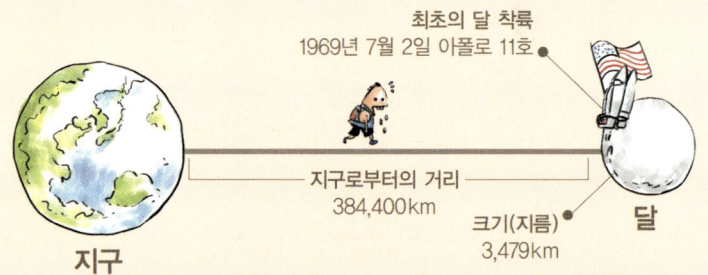

- 달은 대기가 없어서 낮과 밤의 기온차가 엄청 커.

- 달은 크기가 작기 때문에 중력도 지구의 6분의 1밖에 안 되지. 몸무게를 줄이고 싶다면 달에 가는 걸 고려해 봐.

과학자처럼 달 관찰하기

〈달의 모양과 위치 변화〉

한 달의 첫째 날부터 매일 같은 장소에서 저녁 6시에 달을 관찰해 봐. 월초에는 눈썹 모양의 초승달이 서쪽 하늘에 떠 있는 것을 볼 수 있지. 일주일이 지나면 반달 모양의 상현달을 남쪽 하늘에서 볼 수 있어. 다시 일주일 정도가 지난 15일 경에 동쪽 하늘에 떠 있는 보름달을 볼 수 있지.

매일 똑같은 시간에 관찰하면 달이 뜨는 위치가 서쪽에서 동쪽으로 이동하는 것처럼 보일 거야. 사실 어떤 모양의 달이든 동쪽에서 떠서 서쪽으로 진단다. 하지만 초승달이 뜰 무렵은 낮이라서 보이지 않는 거야. 해가 진 뒤에 달이 서쪽에 와 있기 때문에 우리 눈에는 초승달이 마치 서쪽 하늘에서 뜨는 것처럼 보이는 거지.

동화로 공부하는 과학 사이언스 아이

사이언스 아이는 어린이를 위한 신개념 과학 읽기 프로그램입니다.
단순히 지식을 전달하는 것이 아닌 '과학의 눈'을 틔워 줌으로써
어린이들이 던지는 사소한 질문과 작은 호기심을 예리한 통찰력으로 키워 줍니다.
36가지의 개성 있고 재미있는 이야기를 통해 다양한 문학적 감동과 더불어
평범한 일상 속에서 과학 원리를 발견하는 기쁨을 느껴 보세요.

사이언스 아이 시리즈(전 36권)

권	책 제목	영역	분야	과학 교과
01	지붕 위에 농장이 생겼어요!	지구	토양	개정 4-1. 2. 지표의 변화 3-2. 5. 여러 가지 돌과 흙
02	해적을 쫓아낸 달	우주	달과 조석	3-2. 3. 지구와 달
03	멋쟁이 코미디언 담비	생물	동물	개정 3-2. 2. 동물의 세계 4-2. 1. 동물의 생김새
04	춤추는 지하 세계	지구	지진	개정 4-2. 4. 화산과 지진
05	달팽이 괴물 행성	환경	재활용	5-2. 1. 환경과 생물
06	투명인간이 되고 말 거야!	물리	빛	개정 3-2. 4. 빛과 그림자 3-2. 2. 빛의 나아감
07	내 친구 플롯샘의 비밀	지구	위도와 경도	4-1. 9. 별자리를 찾아서 5-2. 7. 태양의 가족
08	에이미를 막아라!	지구	열대성 저기압	3-1. 5. 날씨와 우리 생활 5-1. 3. 기온과 바람
09	뚱땡이 유바의 무한 도전	인체	인체의 기관	개정 5-2. 1. 우리의 몸
10	물방울이 된 루디	지구	물의 순환	5-1. 8. 물의 여행
11	로봇들의 대반란	물리	전기 회로	개정 5-1. 2. 전기 회로 4-1. 3. 전구에 불 켜기
12	나무 왕국의 전설	생물	식물	개정 4-1. 3. 식물의 한살이 개정 5-1. 3. 식물의 구조와 기능
13	아빠는 쓰레기 연구 중	환경	극지방 생태계	개정 6-1. 4. 생태계와 환경 5-2. 1. 환경과 생물
14	자석 인간 마티	물리	자기와 자석	개정 6-1. 5. 자기장 6-1. 7. 전자석
15	농구 스타가 된 이사벨라	물리	위치·운동 에너지	개정 6-2. 3. 에너지 5-2. 8. 에너지

1단계

16	아찔한 우주 비행사 시험	우주	태양계	개정 5-2. 4. 태양계와 별 5-2. 7. 태양의 가족
17	좌충우돌 암석 대모험	지구	암석과 화산	개정 4-2. 4. 화산과 지진 5-2. 4. 화산과 암석
18	사막 대격돌	환경	사막 생태계	개정 6-1. 4. 생태계와 환경 5-2. 1. 환경과 생물
19	조나단의 아슬아슬 몸속 여행	인체	혈액 순환	개정 5-2. 1. 우리의 몸 6-1. 3. 우리 몸의 생김새
20	폼페이의 마지막 시간	지구	화산	5-2. 4. 화산과 암석
21	우리 집을 지켜라!	물리	열의 이동	개정 6-2. 4. 연소와 소화
22	구름 만드는 아줌마	지구	날씨와 바람	개정 6-2. 1. 날씨의 변화 5-1. 3. 기온과 바람
23	야단법석 캠핑 대소동	물리	에너지	개정 6-2. 3. 에너지
24	마법의 덤불	생물	유전	중3. 8. 유전과 진화
25	2층에 사는 수상한 아저씨	물리	소리와 파동	개정 6-2. 3. 에너지
26	무인도 탈출 대작전	물리	도르래와 지레	6-2. 6. 편리한 도구
27	아마존의 위험한 미행	환경	열대 우림 생태계	개정 6-1. 4. 생태계와 환경
28	놀이동산에서 뉴턴 찾기	물리	힘과 운동	개정 5-2. 2. 물체의 속력 개정 중1. 2. 힘과 운동
29	모르코스와의 약속	물리	화석 연료	개정 6-2. 3. 에너지
30	마지막 파도	지구	파도와 바람	개정 6-2. 1. 날씨의 변화
31	갈릴레오를 만난 소년	지구	망원경과 빛	5-1. 1. 거울과 렌즈 5-2. 7. 태양의 가족
32	사라진 마을 미스티 피크	인체	자극과 반응	6-1. 3. 우리 몸의 생김새 중2. 5. 자극과 반응
33	화석이 맺어 준 우정	지구	화석	개정 4-2. 2. 지층과 화석
34	엉망진창 퀴즈 쇼	생물	생물 분류	개정 5-1. 4. 작은 생물의 세계 6-1. 5. 주변의 생물
35	쌍둥이 지구를 구하라!	환경	환경과 생물	개정 6-1. 4. 생태계와 환경 5-2. 1. 환경과 생물
36	태양을 살려라!	우주	태양	개정 5-2. 4. 태양계와 별

2단계

3단계

글 | 맥밀란교육연구소
맥밀란교육연구소는 160여 년의 역사를 자랑하는 맥밀란출판그룹의 부설 연구소로 전 세계 시장을 대상으로 학습 교재류를 개발해 왔습니다. 맥밀란교육연구소가 심혈을 기울여 개발한 〈사이언스 아이〉 시리즈는 동화를 통해 과학을 공부하는 과학 교육 프로그램입니다. 미국, 오스트레일리아, 뉴질랜드의 대학 및 과학 교육연구소의 전문가들이 직접 학습 프로그램을 설계하고 내용을 감수했으며, 세계 시장을 겨냥하여 10여 개국의 작가들이 이야기를 썼습니다. 〈사이언스 아이〉는 본격적인 출간에 앞서 뉴질랜드의 초등학교에서 시범적으로 사용하여 교육적 효과를 검증했고, 교사와 전문가들의 극찬에 힘입어 미국, 오스트레일리아, 뉴질랜드 등 영어권 나라의 2,000여 개 초등학교에서 과학 교재로 활용하고 있습니다.

그림 | 배정식
중국에서 펜화 강의를 했고, 지질 박물관 영문 도록 및 포스터와 캘린더 제작에 참여했습니다. 현재는 주로 어린이책에 그림을 그리고 있습니다. 그린 책으로 《쓸모 있는 자원 쓰레기》 《늑대개 화이트 팽》 《알렉산드리아의 족장》 등이 있습니다.

옮김 | 정지현
옮긴 책으로 《선생님도 놀란 인물 뒤집기 : 엘리노어 루즈벨트》 《세계의 나라들-프랑스》 외 다수가 있습니다.

감수 | 권홍진
서울대학교 지구과학교육과 석사, 서울대학교 과학교육과 박사를 수료했습니다. 퇴계원고등학교에 재직했으며, 현재 경기도과학교육원 연구원 및 경기과학체험학습연구회 회장을 맡고 있습니다.

감수 | 박호준
전북대학교 생물교육과를 졸업했으며, 현재 경기북과학고등학교에 재직 중입니다. 학생탐구올림픽 출제위원, 고등학교 과학교사 연수강사, 영재교육원 강사 등을 역임했습니다.